DIE MAUS

FRAG doch mal ...

Heike Tober

Dinosaurier

Mit Illustrationen von
Johann Brandstetter

cbj

cbj ist der Kinder- und Jugendbuchverlag
in der Verlagsgruppe Random House

*Unser herzlicher Dank gilt Dr. Gerhard Winter vom Senckenberg Museum und
Hilla Stadtbäumer von der Redaktion der »Sendung mit der Maus«.*

Umwelthinweis:
Dieses Buch wurde auf chlorfrei gebleichtem
Papier gedruckt.

Gesetzt nach den Regeln der Rechtschreibreform

1. Auflage 2007

Lektorat: Ulrike Hauswaldt
Redaktion: Anette Reiter
Bildredaktion: Tanja Nerger und Annette Mayer
Umschlagbild und Innenillustrationen: Johann Brandstetter
Umschlagkonzeption: init. büro für gestaltung, Bielefeld
Bildnachweis für Innenfotos: AKG-Images, Berlin: 22 (Johann Brandstetter);
American Museum of Natural History, New York, NY, USA: 37; AP Photo, Frankfurt a.M.: 43 li. (Bikas Das);
Bayerische Staatssammlung für Paläontologie und Geologie, München: 16 (Georg Janßen);
Corbis, Düsseldorf: 8 (Louie Psihoyos), 32 li. (Reuters/Ho New), 40 (Reuters/Mike Segar);
Dorling Kindersley, London: 13 (Colin Keates © Dorling Kindersley, Courtesy of the Natural History
Museum, London), 29 (Jon Hughes © Dorling Kindersley); Gregory M. Erickson © 2006, Florida State
University, Tallahassee, FL, USA: 43 re.; Getty Images, München: 9 (The Image Bank/James Warwick),
31 (Photodisc Grün/Kim Steele), 32 re. (Science Faction/Louie Psihoyos);
William K. Hartmann, Planetary Science Institute, Tucson, AZ, USA: 47;
Mauritius Images, Mittenwald: 12 (Oxford Scientific); Natural History Museum, London: 6, 7;
Naturmuseum Senckenberg, Frankfurt a.M.: 24, 25, 50 (Sven Tränkner);
Christopher Srnka © 2006, Rochester, MN, USA: 27; The Future is Wild/ZDF: 51 li., 51 re.
Mausillustrationen: Ina Steinmetz
AR • Herstellung: Ina Hochbach
Layout und Satz: Sabine Hüttenkofer, Großdingharting
Reproduktion: Wahl Media GmbH, München
Druck: TBB, Banská Bystrica
ISBN 978-3-570-13149-7
Printed in the Slovak Republic

www.cbj-verlag.de

Inhalt

4 Warum heißen Dinosaurier eigentlich »Dinosaurier«?

6 Wer hat den ersten Dinosaurier entdeckt?

8 Woher weiß man, wie die Dinosaurier aussahen?

10 Wieso kann man heute noch Dinosaurierskelette finden?

12 Hatte der Allosaurus wirklich Tigerstreifen?

14 Warum hatte der Barosaurus so einen langen Hals?

16 Wie klein war der kleinste Dinosaurier?

18 Wann lebten die Dinosaurier?

24 Wozu brauchte der Lambeosaurus 700 Zähne?

26 Warum bekam Deinonychus den Namen »Schreckenskralle«?

28 Wozu hatte der Stegosaurus Stacheln am Schwanz?

30 Wer war der gefährlichste Dinosaurier?

32 Haben sich Dinosaurier um ihre Jungen gekümmert?

34 Welche Laute haben Dinosaurier von sich gegeben?

36 Warum hatte der Struthiomimus so lange Beine?

38 Gab es Dinosaurier, die schwimmen konnten?

40 Gab es fliegende Dinosaurier?

42 Wie alt wurden Dinosaurier?

44 Waren Dinosaurier dumm?

46 Warum sind die Dinosaurier ausgestorben?

48 Gibt es heute noch Tiere, die von den Dinos abstammen?

50 Gibt es irgendwann vielleicht mal wieder Dinosaurier?

52 Zahlen und Fakten

54 Mauslexikon*

55 Das Dino-ABC

* Alle im Text farbig hervorgehobenen Begriffe werden im Mauslexikon erklärt.

Warum heißen Dinosaurier eigentlich »Dinosaurier«?

Leguan

Das Wort »Dino« stammt aus dem Griechischen und bedeutet »schrecklich«, Saurier heißt übersetzt Echse. Dinosaurier bedeutet also »schreckliche Echse«.

Als man die ersten Dinosaurierskelette näher untersuchte, stellte man nämlich fest, dass die Urzeitriesen große Ähnlichkeit mit heutigen Echsen haben. Zu den Echsen gehören zum Beispiel die Eidechse und der Leguan. Da die untersuchten Urzeitechsen aber viel größer und gefährlicher als Eidechsen und Leguane waren, nannte man sie »schreckliche Echsen«.

Aber Achtung: Nicht jeder Saurier ist automatisch ein Dinosaurier. Dinosaurier heißen nur die Saurier, die an Land lebten. Daneben gab es auch Saurier, die im Wasser lebten, und Flugsaurier.
Die Dinosaurier sind aber die bekanntesten Saurier, vielleicht weil es unter ihnen besonders viele Riesen gab. Kleine Dinosaurier gab es aber auch. Manche waren kaum größer als ein Huhn. Und auch sonst waren sie sehr unterschiedlich: Einige hatten Stacheln und Panzer, andere waren gefiedert, manche hatten kleine zahnlose Schnäbel, andere wieder Riesengebisse mit scharfen, bananengroßen Zähnen.

Gryposaurus

Bis jetzt kennt man vermutlich nur einen klitzekleinen Teil all der Dinosaurier, die tatsächlich gelebt haben. Die meisten sind noch unentdeckt. Findet ein Forscher Überreste eines unbekannten Dinos, darf er sich einen Namen für ihn ausdenken. Normalerweise sollte der Name etwas mit dem Tier zu tun haben: mit seinem Aussehen, seinen typischen Eigenschaften oder seinem Fundort.

Manche Forscher geben einem Dino einfach ihren eigenen Namen oder den einer Person, die sie verehren. Es gibt zum Beispiel einen Dinosaurier, der »Masiakasaurus Knopfleri« heißt. Übersetzt bedeutet das »Knopflers böse Echse«. Mark Knopfler ist Gitarrist der Rockgruppe »Dire Straits«, die der Forscher toll fand.

Diese Dinos wurden nach ihrem Aussehen benannt: Gryposaurus heißt übersetzt »Hakennasenechse«, Irritator »der Ärgerliche« und Gallimimus »der Hähnchennachahmer« – wegen seiner Ähnlichkeit mit einem Hahn.

Wer hat den ersten Dinosaurier entdeckt?

Natürlich hat kein Mensch jemals einen echten, lebendigen Dinosaurier gesehen. Dass wir trotzdem so viel über sie wissen, liegt an den vielen versteinerten Überresten der Dinosaurier, die Sammler und Wissenschaftler in aller Welt ausgraben. Meist finden sie allerdings nur einzelne versteinerte Knochen. Vollständige Skelette oder Schädel mit Zähnen sind sehr selten.

Der erste Dinosaurierknochen, von dem wir heute wissen, tauchte im Jahr 1677 auf. Dinosaurier waren damals noch völlig unbekannt, und daher hielt man den Knochen für den eines Riesenmenschen.

Erst 150 Jahre später kam der englische Forscher William Buckland auf die Idee, dass solche Riesenknochen von gewaltig großen Echsen stammen könnten. Nachdem er einen Knochenhaufen näher untersucht hatte, stellte er fest, dass sie alle zu einer einzigen Echse gehörten. Er taufte sie auf den Namen Megalosaurus, die »große Echse«.

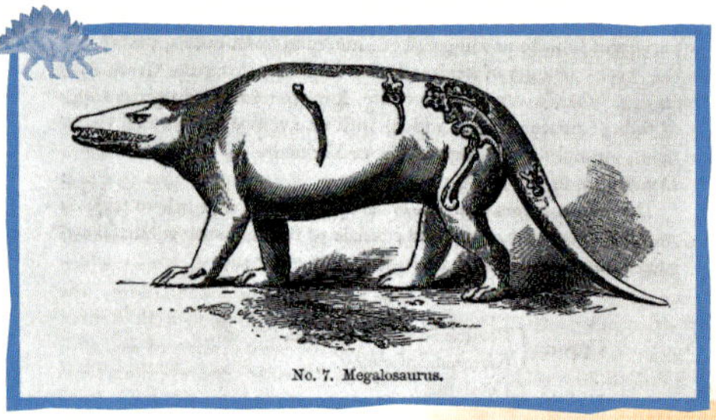

So stellte sich Richard Owen den Megalosaurus vor.

Heute glaubt man, dass Megalosaurus eher so aussah.

Kurz darauf entdeckte die Frau des Forschers Gideon Mantell zufällig auf der Straße einen versteinerten Riesenzahn. Mantell vermutete gleich richtig, dass er zu einer Riesenechse gehörte. Weil er dem Zahn eines Leguans ähnelte, nannte Mantell die Echse Iguanodon, den »Leguanzahn«.

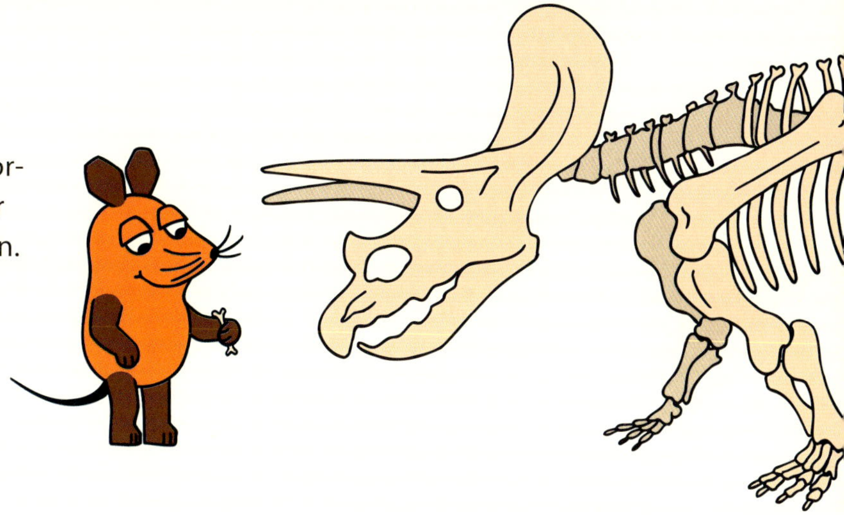

Erst der Wissenschaftler Richard Owen stellte 20 Jahre später fest, dass Megalosaurus und Iguanodon zwar aussahen wie Riesenechsen, sich aber von allen anderen Echsen stark unterschieden. Sie waren nicht nur größer und massiger, sondern bewegten sich auch anders fort: Sie liefen nicht auf vier Beinen, sondern konnten sich aufrichten und auf ihren zwei Hinterbeinen laufen. Owen erfand für sie den Namen »Dinosaurier«.

Gideon Mantell fand noch weitere Knochen von Iguanodon. Er zeichnete ihn schließlich so – mit einem Dorn auf der Nase.

Als Forscher später ein vollständiges Iguanodon-Skelett entdeckten, stellten sie fest, dass Iguanodon sogar zwei Dornen hatte. Sie saßen nicht auf der Nase, sondern an den Daumen. Mit ihnen konnte er sich prima gegen Feinde wehren. Vermutlich setzte er die Dornen auch als Werkzeug ein, zum Beispiel um Baumrinde abzuschälen.

Woher weiß man, wie die Dinosaurier aussahen?

Ganz genau weiß niemand, wie die Dinosaurier aussahen, denn schließlich ist außer den Knochen, Krallen und Zähnen kaum etwas von ihnen übrig geblieben. Aber Dinosaurierexperten, die Paläontologen, können an diesen Überresten sehr viel erkennen.

Hier seht ihr die versteinerten Beinknochen eines Antarctosaurus. Entdeckt hat sie der Paläontologe Fernando E. Novas in Südamerika.

Wenn sie Knochen finden, versuchen sie als Erstes herauszufinden, ob sie zu einem schon bekannten Dino gehören. Das läuft zum Beispiel so: Sie vermuten, dass es sich um die Knochen eines Triceratops handelt. Da es schon einige vollständige Triceratops-Skelette gibt, müssen sie die neuen Fundstücke nur mit den bekannten Knochen vergleichen.

Wenn die Knochen genau gleich geformt sind, steht fest: Sie haben Triceratops-Knochen gefunden. Manchmal versuchen die Paläontologen dann, die einzelnen Knochen zu einem Skelett zusammenzubauen.

Fehlen Knochen, werden sie einfach anhand der schon vorhandenen Skelette nachgebaut und in das neu aufgebaute Skelett eingesetzt. Fertig ist das Skelett.
Aber woher weiß man, wie muskulös Triceratops war und wie seine Haut aussah? An der Oberfläche der Knochen können Paläontologen oft heute noch sehen, wo die Muskeln mal gesessen haben. Schwierig ist es mit der Haut, denn von ihr und anderen weichen Teilen wie Augen, Zunge oder Eingeweide findet man selten Überreste. Hier hilft nur der Vergleich mit ähnlichen, heute lebenden Tieren. Das Skelett von Triceratops hat viele Ähnlichkeiten mit dem eines Nashorns. Daher könnte auch der Rest, also zum Beispiel die Haut, ähnlich gewesen sein.

Und wenn die Knochen weder von Triceratops stammen noch von einem anderen bekannten Dino?

Das Skelett eines Nashorns ist dem Skelett eines Triceratops sehr ähnlich.

Dann wird der Skelettbau zu einer echten Detektivarbeit. Da fast immer Knochen fehlen, können die Paläontologen oft nur vermuten, welcher Knochen wohin gehört. Dabei passieren natürlich auch manchmal Fehler. So hat man zum Beispiel dem ersten Skelett eines Apatosaurus, eines pflanzenfressenden Riesendinosauriers, zunächst einen falschen Schädel aufgesetzt.

Wieso kann man heute noch Dinosaurierskelette finden?

Normalerweise ist von einem Tier schon ein paar Jahrzehnte nach seinem Tod nicht mal mehr ein wackeliger Zahn übrig, geschweige denn ein ganzes Skelett. Die Dinosaurierskelette, die wir heute finden, bestehen auch nicht aus richtigen Knochen, sondern aus Stein. Die einzelnen Knochen sind nämlich im Lauf von Jahrmillionen versteinert.

So eine Versteinerung funktioniert allerdings nur unter ganz bestimmten Bedingungen: Die Tiere müssen bald nach ihrem Tod verschüttet werden, zum Beispiel durch Überschwemmungen oder Sandstürme. Schlamm und Sand schließen den toten Körper ein und schützen ihn vor der Verwesung. Das könnte so passiert sein:

1. Ein Tyrannosaurus rex stirbt in der Nähe eines Flusses.

2. Durch eine Überschwemmung wird der tote Körper nach kurzer Zeit in den Fluss gespült. Alle weichen Teile werden von Aasfressern, Fischen, Würmern oder Bakterien weggefressen.

3. Normalerweise würde irgendwann auch das Skelett verwesen. Doch eine Schicht aus Schlamm und Sand schützt die Knochen, Zähne und Krallen vor der Zersetzung.

4 Zusammen mit Schlamm und Sand dringen **Mineralien** wie Kalk und Kieselsäure durch winzige Poren in die Knochen ein. Dadurch werden die Knochen immer härter. Im Laufe von ungefähr 15 Millionen Jahren sind sie zu Steinen geworden. Solche Steine nennt man **Fossilien.**

5 Viele Millionen Jahre später wird an dieser Stelle eine U-Bahn gebaut. Riesige Bohrer dringen bis in die unteren Gesteinsschichten vor – und plötzlich kommen die Fossilien zum Vorschein.

Wusstet ihr schon, dass es eine Stadt gibt, die Dinosaurier heißt?
Sie liegt in den USA und hieß früher Artesia. Vor 50 Jahren fand man in ihrer Umgebung so viele Dinosaurierknochen, dass die Bürger ihre Stadt kurzerhand in »Dinosaur« umbenannten. Sogar manche Straßennamen wurden geändert und haben jetzt Namen wie Stegosaurus Freeway oder Triceratops Terrace.

Fossilien kann man aber auch an der Erdoberfläche finden. Das liegt daran, dass die Gesteinsschichten mit den Fossilien oft mit der Zeit wieder nach oben gedrückt werden, zum Beispiel durch Bewegungen in der Erdkruste. Wind und Wetter legen das Gestein frei und lassen die Fossilien sichtbar werden.

Hatte der Allosaurus wirklich Tigerstreifen?

Das könnte durchaus sein, denn der Allosaurus war wie der Tiger ein Jäger. Dem Tiger helfen die Streifen, sich im hohen Gras oder dichten Wald fast unsichtbar an seine Beute anzuschleichen, denn das Streifenmuster vermischt sich mit der Umgebung. Auch der Allosaurus hat sich möglicherweise im Dickicht versteckt und dort seiner Beute aufgelauert. Ein Tarnmuster war da sehr nützlich.

Mit seinem Streifenmuster ist der Tiger in seiner natürlichen Umgebung gut getarnt.

Vielleicht hatte der Allosaurus Tigerstreifen.

Wenn er bei Nacht jagte, war er mit dunkler Haut besser getarnt.

Vielleicht sah er auch so aus.

Niemand weiß genau, welche Farben oder Muster Dinosaurier hatten. Die Hautfarbe bleicht nach dem Tod sehr schnell aus und auch die Haut selbst verwest innerhalb kürzester Zeit. Von ein paar Dinos weiß man immerhin, wie ihre Hautoberfläche ausgesehen hat. Man fand nämlich versteinerte Abdrücke ihrer Haut. Aber auch diese Abdrücke sind natürlich farblos.

Hautabdruck eines **Triceratops**

Ob tarnen, abschrecken oder anlocken, ihr könnt davon ausgehen, dass auch die Hautfarbe der Dinosaurier meist einen Zweck erfüllt hat. Sie waren vermutlich ähnlich farbig wie ihre heute lebenden Verwandten, die Reptilien.

Vielleicht war **Styracosaurus** am Kopf grell bunt, was seinen Feinden zeigen sollte: Achtung, ich bin zwar ein großer Fleischbrocken, aber auch sehr gefährlich. Verschwindet also besser!

Farben dienen im Tierreich oft einem bestimmten Zweck. Sie können ein Tier tarnen. Sie können aber auch wie bei Bienen oder manchen giftigen Schlangen dazu dienen, Feinde abzuschrecken. Andere Tiere wie zum Beispiel viele Singvögel wollen mit ihrer Färbung genau das Gegenteil erreichen, nämlich Partner anlocken.

Tsintaosaurus

Corythosaurus

Männliche Corythosaurier und Tsintaosaurier hatten möglicherweise einen farbigen Kopfschmuck, mit dem sie Weibchen anlockten.

Warum hatte der Barosaurus so einen langen Hals?

Barosaurus hatte einen der längsten Hälse überhaupt: Mit neun Metern war er fast fünfmal so lang wie ein Giraffenhals. Auch sonst war alles an Barosaurus riesig: Wenn er sich aufrichtete, konnte er eine Höhe von 15 Metern erreichen – so hoch wie ein mehrstöckiges Haus. Er gehört zur Gruppe der pflanzenfressenden Riesensaurier, den größten Landtieren, die jemals auf der Erde gelebt haben.

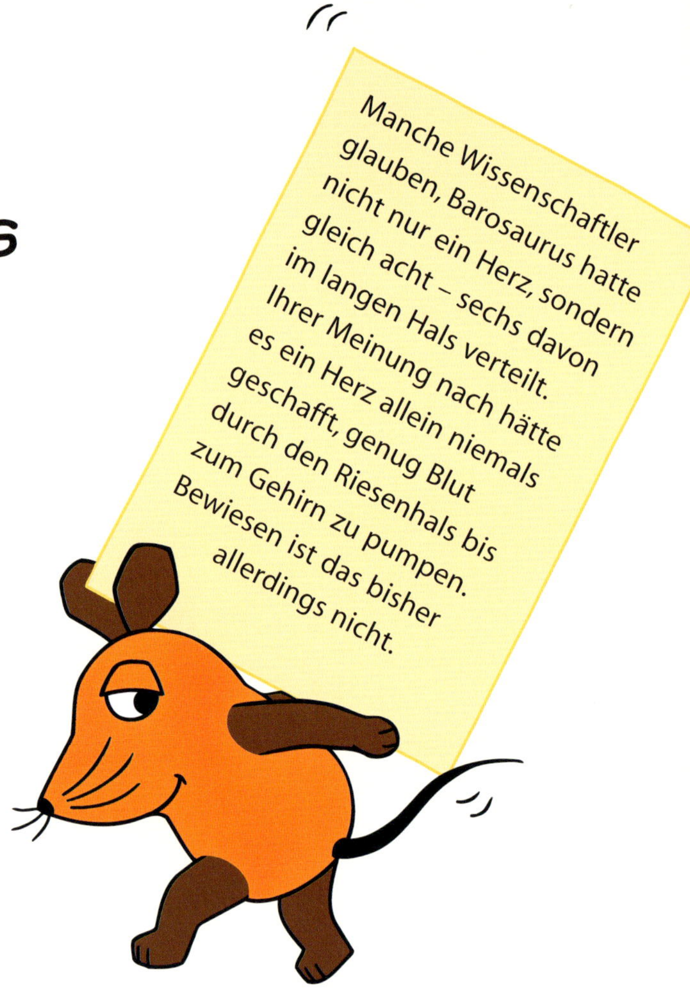

Um ihren massigen Körpern genug Energie zuzuführen, mussten sie am Tag mehrere hunderttausend Blätter verdrücken. Die langen Hälse halfen ihnen dabei, denn mit ihnen erreichten sie in den Baumkronen Blätter, an die sonst kaum ein Tier herankam. Das war ein großer Vorteil, denn so mussten sie sich mit niemandem um die Nahrung streiten.

Barosaurus

Auch Brachiosaurus und Diplodocus gehören zu den Riesendinos. Wegen ihrer massigen Größe konnten sie kaum schneller gehen als Fußgänger, und selbst dabei wurde ihnen manchmal ganz schön heiß. Wenn sie nicht gerade fraßen oder in der Sonne dösten, nahmen sie daher gerne zur Abkühlung ein Bad.

Aber meistens fraßen sie – und zwar Unmengen. Brachiosaurus war einer der schwersten Dinosaurier. Manche Forscher schätzen, dass er mehr wog als zwölf ausgewachsene Elefanten! Solche Riesendinos waren so groß, dass sie kaum mit Angriffen rechnen mussten. Ein gezielter Peitschenschlag mit dem tonnenschweren Schwanz, ein Tritt mit dem Riesenfuß – das schlug auch den hungrigsten Raubsaurier in die Flucht.

Wie klein war der Kleinste Dinosaurier?

Lange Zeit galt Compsognathus als der allerkleinste Dinosaurier der Welt. Mit einer Länge von 60 Zentimetern war er nicht größer als eine Katze. Sein Maul war voller scharfer Zähne und seine Lieblingsspeise waren kleine Tiere.

Unter den Rippen dieses Compsognathus-Skeletts haben Paläontologen Knochenreste einer Eidechse gefunden, die der Saurier kurz vor seinem Tod verspeist hatte.

Aber vor einigen Jahren entdeckten Forscher in China einen noch viel kleineren Dinosaurier. Er war nur so groß wie ein Huhn. Sie nannten ihn Microraptor, den »kleinen Räuber«.

Die Entdeckung von Microraptor hatte nicht nur wegen seiner Größe für Aufregung gesorgt, sondern auch weil man an seinem Skelett ganz deutlich Federn erkennen konnte. Bis dahin hatte man geglaubt, alle Dinosaurier hätten eine schuppige Haut, ähnlich wie Eidechsen oder Schlangen. Falsch – einige hatten Federn! Wissenschaftler vermuten, dass besonders die kleinen Dinos schnell abkühlten und die Federn deswegen zum Wärmen brauchten.

Kurze Zeit später entdeckte man in China noch einen weiteren Minidino, den man Mei long nannte. Seinen chinesischen Namen, der übersetzt »fest schlafender Drache« bedeutet, verdankt er der schlafenden Stellung, in der man das Skelett fand.

Eine Sensation, denn einen schlafenden Dino hatte es bis dahin noch nicht gegeben. Ungewöhnlich war auch, dass er seinen Kopf zum Schlafen unter ein Vorderbein steckte – genau wie ein Vogel. Wegen der auffallenden Ähnlichkeiten vermuten viele Forscher, dass sich die Vögel aus solchen gefiederten Mini-Dinos entwickelt haben.

Wann lebten die Dinosaurier?

Die ersten Dinosaurier tauchten vor ungefähr 240 Millionen Jahren auf und die letzten verschwanden vor 65 Millionen Jahren. Sie lebten also fast 200 Millionen Jahre auf der Erde. Diese Zeit wird Erdmittelalter genannt. Aber woher kamen die Dinosaurier eigentlich?

Also schon mal vorab: Es gibt kein Lebewesen, das einfach so – plopp – plötzlich auf der Bildfläche erscheint. Alle Lebewesen haben Vorfahren, diese Vorfahren haben auch wieder Vorfahren und so weiter. Lebewesen verändern sich im Laufe der Zeit, weil ihre Lebensbedingungen sich verändern, zum Beispiel weil es kälter wird. So etwas passiert aber nicht von heute auf morgen, sondern über Tausende, manchmal Millionen von Jahren.

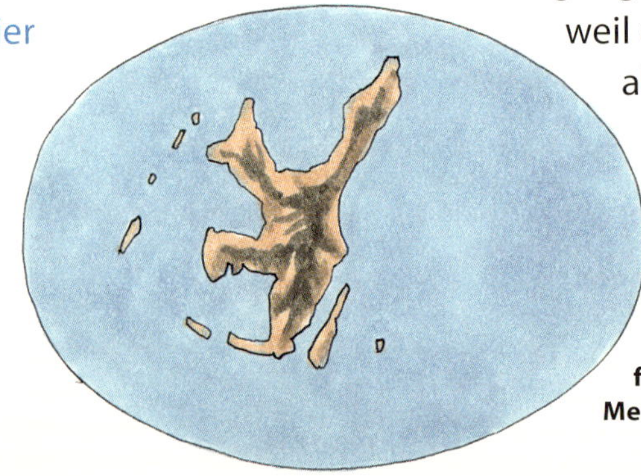

So sah die Erde am Ende der Erdfrühzeit aus: Es gab ein riesiges Meer und einen einzigen Kontinent.

vor 500 Millionen Jahren

Erdaltertum

vor 300 Millionen Jahren

Marasuchus (»Mara-Krokodil«) war ein Thekodontier und gilt als direkter Vorfahr der Dinosaurier.

Das Urreptil Hylonomus ist ein Urahn der Dinosaurier. Sein Name bedeutet übersetzt »Waldbewohner«. Er war bis zu 20 Zentimeter lang.

Die ältesten Vorfahren aller Tiere, also auch der Dinos, waren klitzekleine, bakterienähnliche Lebewesen, die im Wasser lebten. Aus diesen Kleinstlebewesen haben sich nach vielen Millionen Jahren die ersten Fische entwickelt. Als mit der Zeit immer mehr bewohnbare Inseln auf der Erde entstanden, bildeten sich aus einigen Fischen Tiere, die nicht nur im Wasser, sondern auch auf dem Land leben konnten – die Amphibien.

Aus ihnen entwickelten sich die ersten Reptilien, kleine schuppige Tiere mit vier Beinen, die ähnlich wie Eidechsen aussahen. Einige von ihnen konnten schon ganz an Land leben. Aus ihnen entwickelten sich mit der Zeit größere, krokodilähnliche Echsen: die sogenannten Thekodontier oder »Wurzelzähner«. Einige von ihnen konnten statt auf vier auf zwei Beinen laufen. Aus ihnen entstanden schließlich die Dinosaurier.

Wozu brauchte der Lambeosaurus 700 Zähne?

Zum Kauen hätten ihm bestimmt 100 Zähne locker ausgereicht. Aber Lambeosaurus brauchte die anderen als Ersatzzähne, denn er hatte ein Problem: Zahnausfall.

Die Zähne eines Lambeosaurus lagen wie bei diesem Gebiss in mehreren Reihen übereinander.

Das lag daran, dass er seine Kauzähne wie eine Reibe einsetzte: Wenn er sich mit dem Schnabel ein paar Blätter abgerupft hatte, zerrieb er sie anschließend mit seinen rauen und kantigen Zähnen zu Brei. Durch das viele Malmen nutzten sich die Zähne schnell ab und fielen schließlich aus. Für Lambeosaurus war das nicht weiter schlimm – an die leeren Stellen schoben sich sofort neue Zähne. Ganz schön praktisch, oder?

Lambeosaurus

Einen besonderen Fund machten Forscher im Kiefer eines Tyrannosaurus rex: Sie fanden dort einen Zahn, der ihm gar nicht gehörte. Wahrscheinlich hatte ein anderer Tyrannosaurus rex ihm bei einem Kampf in die Backe gebissen und dabei diesen Zahn verloren. Zumindest den Beißer störte das nicht weiter, denn auch Tyrannosauriern wuchsen ausgefallene Zähne einfach wieder nach.

Auch andere Pflanzenfresser mussten ihre harte Blätternahrung irgendwie klein kriegen. Brachiosaurus zum Beispiel hatte zwar nicht so tolle Reibeisenzähne wie Lambeosaurus, kannte dafür aber einen Trick: Er schluckte Steine, die im Magen wie Mahlsteine wirkten. Nach einer Blättermahlzeit fingen die Muskeln in der Magenwand an zu arbeiten. Sie setzten die Steine in Bewegung, die die harten Blätter zu einem grünen Brei zerrieben. Auf genau die gleiche Weise zerkleinern übrigens auch heute noch Hühner ihre Nahrung.

Dieser Stein ist kein Magenstein, sondern ein Koprolith, ein echter Dino-Kothaufen, nur eben versteinert. Manchmal erkennt man an solchen Kotsteinen noch Abdrücke von Pflanzen oder Knochen. So kann man ablesen, was die Dinos gefressen haben.

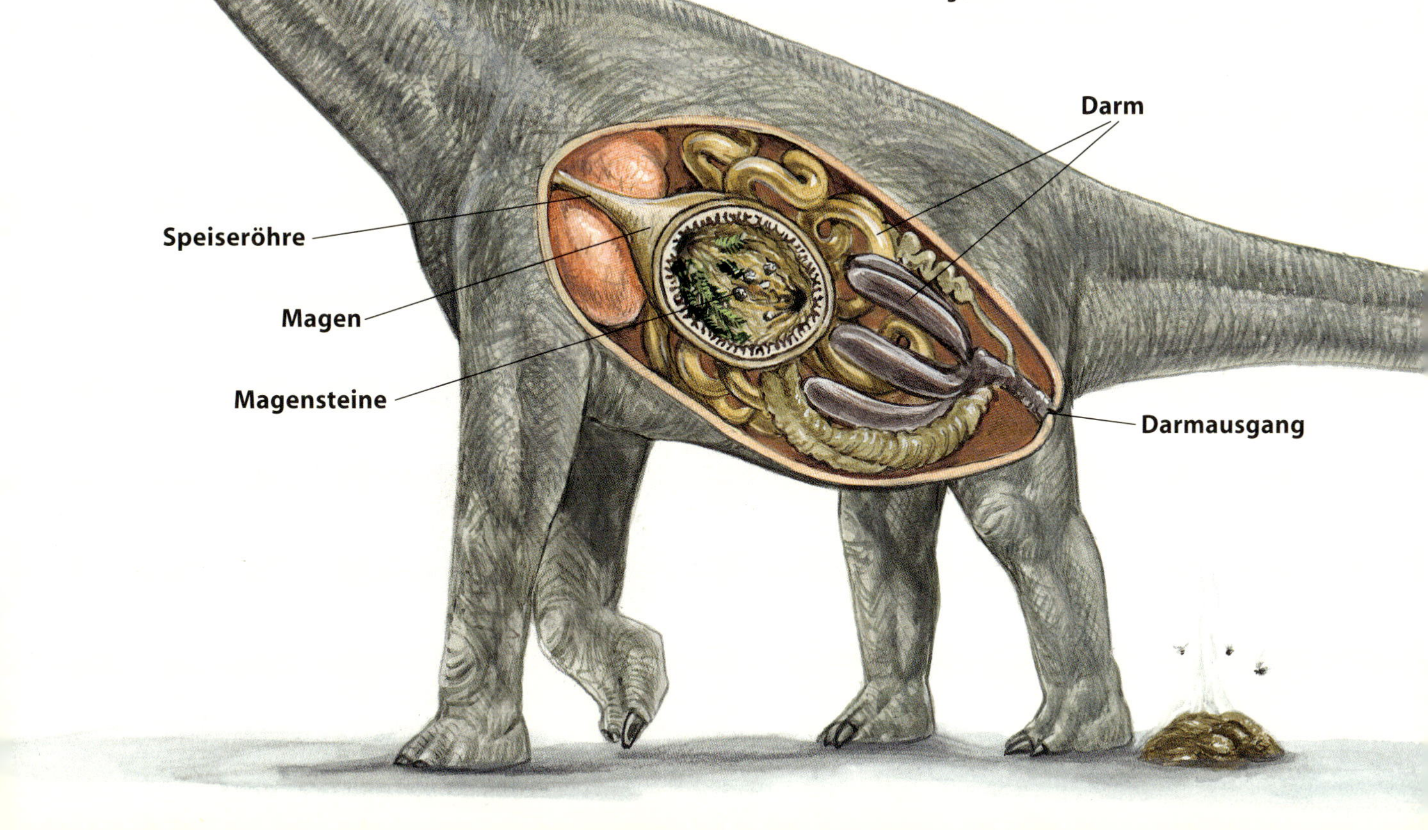

Warum bekam Deinonychus den Namen »Schreckenskralle«?

Die zwei Riesenkrallen konnten bis zu 30 Zentimeter lang werden. Beim Laufen klappte Deinonychus sie hoch. Auf diese Weise wurden sie nicht stumpf.

Als der Paläontologe John Ostrom die ersten versteinerten Knochen von Deinonychus entdeckte, staunte er nicht schlecht: Noch nie zuvor hatte er bei einem Saurier so riesengroße Krallen gesehen. Daher gab er ihm den Namen Deinonychus, übersetzt die »Schreckenskralle«.

Deinonychus war zwar mit 3 Metern Länge kein fleischfressender Riese wie Tyrannosaurus rex, aber trotzdem einer der gefährlichsten Dinosaurier der Kreidezeit. Aus seinem Maul bleckten säbelartige Zähne, und an seinen Greifhänden saßen lange, kräftige Klauen. Seine allergefährlichste Waffe waren aber die zwei gewaltigen Sichelkrallen. Wenn er sich auf ein Beutetier stürzte, ließ er sie wie Klappmesser heruntersausen und hakte sich damit an ihm fest. Abschütteln unmöglich!

Um größere Tiere alleine zu töten, war Deinonychus allerdings zu klein. Doch er war intelligent genug, um sich mit anderen Deinonychiern zusammenzutun. Im Rudel konnten sie Dinos reißen, die bis zu viermal größer waren als sie selbst. Sie griffen dabei ihr Opfer von allen Seiten an und schnitten ihm so den Fluchtweg ab.

So eine »Schreckenskralle« hatte aber nicht nur Deinonychus. Sie war das Kennzeichen einer ganzen Gruppe von kleinen fleischfressenden Dinos, zu denen auch Velociraptor gehörte.

Mit dem fast steifen Schwanz konnte Deinonychus ruckartige Bewegungen ausbalancieren und sich abstützen.

Deinonychus

Velociraptor

Velociraptor war etwas kleiner als Deinonychus, konnte aber schneller rennen. Man glaubt heute, dass Velociraptor und möglicherweise auch Deinonychus Federn am Körper hatten.

Wozu hatte der Stegosaurus Stacheln am Schwanz?

Eines ist klar: Nur zur Zierde schleppte er die langen, spitzen Stacheln nicht mit sich herum. Stegosaurus sieht zwar ziemlich gefährlich aus, war aber ein reiner Pflanzenfresser. Doch er hatte viele Feinde, gegen die er sich zur Wehr setzen musste. Der Stachelschwanz war dabei seine wichtigste Waffe: Wenn er von einem Fleischfresser angegriffen wurde, schleuderte er ihn mit aller Wucht gegen ihn. Auf diese Weise konnte er Angreifern richtig tiefe, manchmal sogar tödliche Wunden zufügen.

Die stacheligen Knochenplatten auf seinem Rücken hingegen halfen ihm bei einem Angriff nicht viel. Wissenschaftler vermuten, dass sie voller Blutgefäße waren. Jeder Stoß hätte da wehgetan. Wahrscheinlich nutzte Stegosaurus diese Platten, um Wärme aufzunehmen oder abzugeben. Wenn ihm kalt war, drehte er die Platten in die Sonne und wärmte sich dadurch auf. War ihm zu warm, stellte er sie möglicherweise gegen den Wind und kühlte sich so ab.

Auch Ankylosaurus hatte einen gefährlichen Schwanz, denn an seinem Ende hing eine schwere knöcherne Keule. Kam ihm ein Raubsaurier zu nah, holte er damit kräftig aus und verpasste dem Angreifer einen gezielten Schlag. Das brachte auch den größten Tyrannosaurus rex aus dem Gleichgewicht und hat sicher für einige üble Knochenbrüche gesorgt.

Ankylosaurus gehört zu den am besten gepanzerten Tieren aller Zeiten – selbst seine Augenlider hatten Knochenplatten!

Ankylosaurus war zusätzlich geschützt durch seine dicke Panzerhaut. Sie bewahrte ihn vor Verwundungen durch Bisse und Krallen. Nicht einmal ein Deinonychus konnte ihm mit seiner »Schreckenskralle« etwas anhaben.
Im Gegenteil, Deinonychus hätte bei einem Angriff riskiert, sich die Krallen abzubrechen.

Auch Horndinosaurier wie Centrosaurus, Triceratops oder Styracosaurus waren durch ihre Hörner, Stacheln und Nackenschilde gut gegen Angriffe gerüstet. Wenn sich Angreifer näherten, stellten sie sich schützend um ihre Jungen und richteten ihre Hörner stoßbereit nach außen.

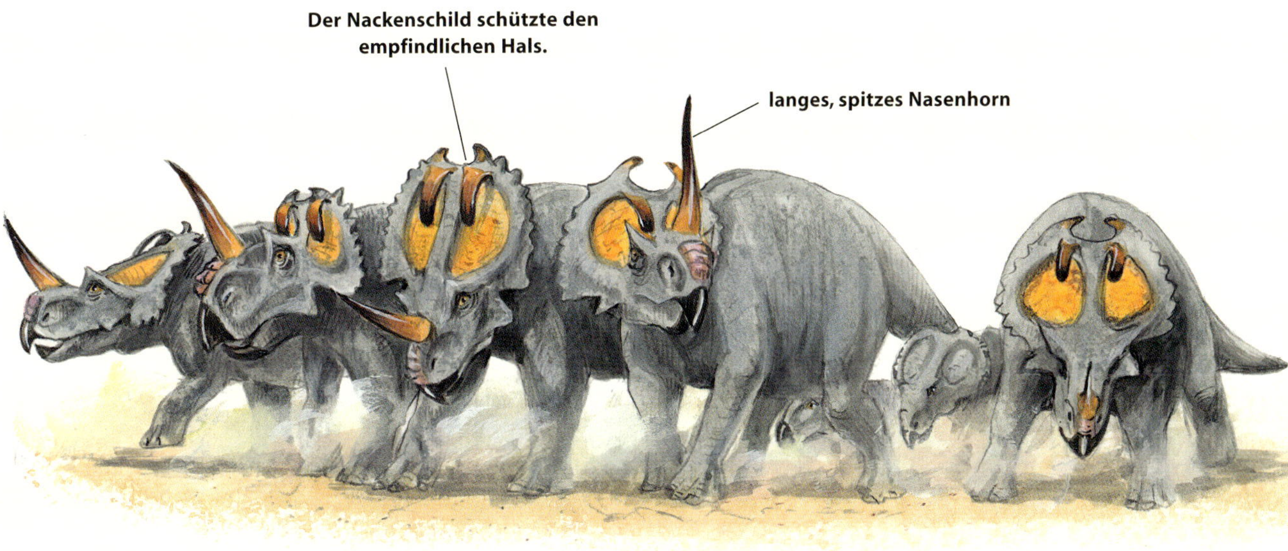

Centrosaurier

Wer war der gefährlichste Dinosaurier?

Tyrannosaurus rex galt lange als der gefährlichste Dinosaurier, der jemals auf der Erde gelebt hat. Sein Name bedeutet übersetzt »König der Tyrannenechsen«. Mit einer Länge von bis zu 15 Metern war er einer der größten Fleischfresser. In seinem gewaltigen Kiefer saßen ungefähr 60 riesige, dolchartige Zähne. Versuche haben gezeigt, dass er damit problemlos ein Auto hätte zermalmen können.

Die Zähne eines Tyrannosaurus rex konnten bis zu 18 Zentimeter lang werden.

Aber war er wirklich so gefährlich? Man weiß zwar, dass er andere Dinos gefressen hat, denn man hat seine Zahnabdrücke schon öfter in anderen Skeletten gefunden. Aber hat er seine Beute auch tatsächlich selbst gejagt?

Einige Forscher glauben inzwischen, dass er sich möglicherweise lieber an Aas bediente, also an toten Tieren, die von anderen gerissen worden waren. Vielleicht tat er aber auch beides: selber jagen und anderen Räubern die Beute wegfressen.

Die größten Fleischfresser waren also nicht unbedingt auch die gefährlichsten. Bedrohlicher waren wahrscheinlich die kleineren Räuber wie Deinonychus und Velociraptor. Sie waren fix, wendig und jagten meist im Rudel.

Warum hatte Tyrannosaurus rex so winzige Arme?

Sie waren tatsächlich so kurz, dass er seine Beute damit nicht greifen konnte. Aber das brauchte Tyrannosaurus rex auch nicht, denn er erledigte alles mit seinem riesigen Maul. Vermutlich benutzte er die Arme aber, um sich auf seiner Beute abzustützen.

Tyrannosaurus rex war bis zu 6 Meter hoch und wog mit 8 Tonnen fast so viel wie zwei große Elefanten.

1. Die messerscharfen Zähne waren so groß wie Bananen. Kauen konnte er damit aber nicht. Er würgte die Fleischbrocken unzerkaut hinunter.
2. Dank seiner muskulösen Oberschenkel konnte Tyrannosaurus rex bis zu 40 km/h schnell rennen.
3. Mit dem Schwanz hielt er das Gleichgewicht.

Haben sich Dinosaurier um ihre Jungen gekümmert?

Vermutlich haben sich Dinosaurier nicht besonders viel um ihre Jungen gekümmert, ähnlich wie heutige Reptilien. Sie haben vor allem dafür gesorgt, dass die Eier ein warmes und sicheres Plätzchen hatten.

Die meisten Dinos bauten wahrscheinlich Nester und legten dort ihre Eier hinein, die bis zu fußballgroß sein konnten. Besonders viele Nester hat man von den Maiasauriern gefunden. Allerdings haben sich diese Pflanzenfresser nicht zum Brüten auf ihre Eier draufgesetzt, dazu waren sie viel zu schwer. Um die Eier trotzdem warm zu halten, bedeckten sie die Nester sorgfältig mit einer Schicht aus Erde und Pflanzen. Wenn Pflanzenreste verrotten, entsteht nämlich Wärme.

Vor ungefähr 30 Jahren wurde ein aufsehenerregender Fund gemacht: Man entdeckte ein Maiasauriernest, in dem sich nicht nur Eier befanden, sondern auch versteinerte Babyskelette. Die frisch geschlüpften Jungen waren ungefähr 35 Zentimeter groß, hatten aber noch sehr schwache Beine. Sie konnten unmöglich das Nest verlassen und sich selbst Nahrung gesucht haben. Also haben sie jemanden gehabt, der sie fütterte: ihre Eltern natürlich! Das war der Beweis: Es gab auch Dinosaurier, die sich um ihre Jungen gekümmert haben.

Dinosaurier-Ei im Querschnitt

Versteinerte Dinosaurier-Eier, daneben ein Hühnerei

Maiasauriernest

Bei vielen Dinos waren die Jungtiere beim Schlüpfen aber schon fast vollständig entwickelt. An Skeletten kleiner Tyrannosaurier hat man gesehen, dass sie für ihr Alter bereits ziemlich lange Zähne und Schnauzen hatten. Es könnte also sein, dass sie nach dem Schlüpfen sofort alleine jagten. In dem Fall mussten sich die Tyrannosaurus-Eltern nicht weiter um ihre Jungen kümmern.

Welche Laute haben Dinosaurier von sich gegeben?

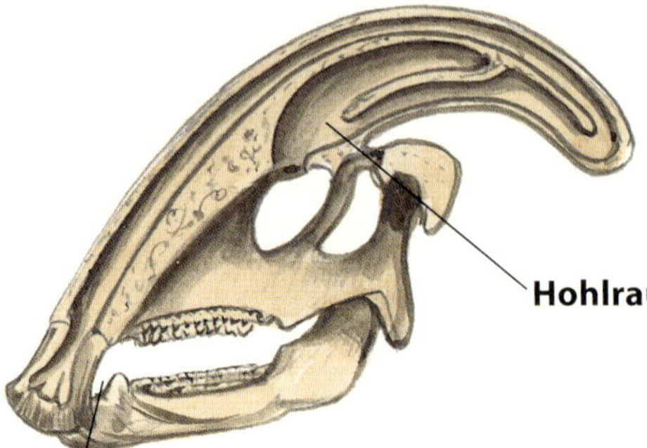

Schädel eines
Parasaurolophus

Dinosaurier waren sicher nicht stumm. Wissenschaftler vermuten, dass sie ähnliche Laute von sich gegeben haben wie heutige Reptilien. Das Krokodil zum Beispiel, ein naher Verwandter der Dinos, verständigt sich durch Zischen, Brüllen oder Grunzen. Auch Echsen und Schlangen zischen, wenn sie sich bedroht fühlen.

Genaueres wissen die Paläontologen nur über die Laute von einigen Entenschnabeldinosauriern, einer Gruppe pflanzenfressender Dinos, die nach ihrem breiten Schnabel benannt sind. Parasaurolophus zum Beispiel hatte ein langes, hohles Horn auf dem Kopf. Wenn er kraftvoll durch die Nase ausatmete, erzeugte er mit dem Horn einen lauten, tiefen, durchdringenden Ton, ähnlich wie ein Nebelhorn. Versuche mit nachgebauten Schädeln haben gezeigt, dass der Ton umso tiefer wird, je größer das Horn ist. So hatte jedes Tier seinen eigenen, typischen Ton.

Parasaurolophus

Wenn ein Parasaurolophus in sein Kopfhorn blies, wollte er damit wahrscheinlich meistens seine Artgenossen warnen. Parasaurolophier lebten nämlich in Herden. Da sie in gebückter Haltung grasten, hätten sie einen Feind erst sehr spät bemerkt. Deswegen hielt einer Wache und warnte die anderen bei Gefahr mit einem lauten Ruf. Möglicherweise fing daraufhin die ganze Herde an zu tröten. Ihr könnt euch vielleicht vorstellen, was für ein ohrenbetäubender Lärm dabei entstand. Bestimmt hat schon allein dieser Krach viele Angreifer in die Flucht geschlagen.

Möglicherweise haben manche Dinobabys schon im Ei durch piepsende Laute auf sich aufmerksam gemacht, ähnlich wie Krokodiljungen. Rufen diese aus dem Ei nach ihrer Mutter, gräbt sie die Eier aus dem Sand aus und hilft ihnen dadurch beim Schlüpfen.

Der Entenschnabeldinosaurier Edmontosaurus konnte die Haut auf der Oberseite seiner Nase wie einen Ballon aufblasen und dadurch ein ziemlich lautes, hupendes Geräusch erzeugen.

Warum hatte der Struthiomimus so lange Beine?

Struthiomimus **heißt übersetzt »Straußennachahmer«. Mit seinen langen Beinen, dem langen, dünnen Hals und dem kleinen Kopf mit dem zahnlosen Schnabel sieht Struthiomimus dem Vogel Strauß auch wirklich ähnlich.**

Struthiomimus hatte weder scharfe Zähne noch lange Krallen, mit denen er sich hätte verteidigen können. Aber er hatte lange Beine, mit denen er richtig schnell laufen konnte – möglicherweise sogar bis zu 80 km/h, also schneller als ein Rennpferd. Damit war er einer der schnellsten Dinosaurier überhaupt. Kein Angreifer konnte Struthiomimus einholen, wenn er davonraste.

Aber woher kennt man die Geschwindigkeit von Dinosauriern? Es hat doch nie jemand einen Dinosaurier laufen sehen! Trotzdem können Wissenschaftler die Schnelligkeit von Dinos ziemlich genau herausfinden, und zwar aufgrund ihrer versteinerten Fußabdrücke. Solche Fußabdrücke entstehen ähnlich wie Knochenversteinerungen: Die Abdrücke erhärten in der Sonne, werden mit Sand- und Schlammschichten bedeckt und versteinern so im Laufe von Jahrmillionen.

Die versteinerten Fußspuren werden von Wissenschaftlern genau vermessen. Die Länge, Form und Tiefe des einzelnen Abdrucks und der Abstand der Fußabdrücke voneinander sind für die Forscher sehr aufschlussreich.

Die Fußabdrücke liegen seitlich versetzt, aber nah beieinander: Der Dino ist gegangen.

Die Fußabdrücke liegen hier weit auseinander und fast auf einer Linie: Der Dino ist gerannt.

Einen ganz besonderen Fund machte man in Davenport in den USA. Dort entdeckte man die Spuren einer ganzen Herde von Apatosauriern. Seitdem weiß man, dass Apatosaurier zumindest zeitweise in Herden lebten. An den Spuren erkannte man außerdem, dass die jungen Tiere der Herde nie am Rand gingen, sondern immer in der Mitte, im Schutz der Erwachsenen. Ähnlich schützen auch Elefanten heute ihre Jungen.

Einige der Dinosaurierspuren von Davenport

Wenn die Forscher noch dazu die Beinlänge und den Körperbau des Tieres kennen, können sie anhand von Vergleichen mit heute lebenden Tieren ziemlich genau abschätzen, wie schnell ein Dino lief.

Fußspuren verraten aber nicht nur, wie schnell ein Dino war, sondern geben auch Hinweise darauf, wie groß und schwer er war und wie er lebte.

Apatosaurus

Gab es Dinosaurier, die schwimmen konnten?

Die meisten Dinosaurier waren sicher keine guten Schwimmer. Man vermutet aber, dass manche Dinos immerhin so gut schwammen, dass sie sogar Meeresfische fangen konnten. Aber das war wohl eher die Ausnahme. Ansonsten plantschten sie lieber im Wasser herum, um sich abzukühlen, haben sich aber nicht weit hineingetraut.

Dinosaurier lebten also nicht im Meer. Stattdessen tummelten sich dort Meeressaurier. Sie hatten nicht Kiemen wie Fische, sondern Lungen und mussten deshalb zum Atmen an die Wasseroberfläche kommen – ähnlich wie Wale und Delfine.
Zu den ersten Meeressauriern gehörten in der Trias die Fischsaurier, auch Ichthyosaurier genannt. Sie sahen heutigen Delfinen sehr ähnlich, waren aber viel größer.

Die Plesiosaurier, auch »Paddelechsen« genannt, tauchten im Jura auf und sahen den Dinos schon etwas ähnlicher. Beim Schwimmen bewegten sie ihre Flossen auf und ab und paddelten so durchs Meer. Es gab Plesiosaurier mit langen Hälsen und kleinen Köpfen und solche mit kurzen Hälsen und großen Köpfen.

Die Kurzhals-Plesiosaurier jagten nicht nur Fische und Ichthyosaurier, sondern auch Dinosaurier, die sich ans Ufer oder ins Wasser wagten. Einer dieser Räuber war Liopleurodon (»glatter Zahn«), eines der größten Wasserraubtiere des Jura. Im seichten Wasser lauerte Liopleurodon auch Dinosauriern auf.

Der Himalayasaurus wurde in der Nähe des Mount-Everest im Himalaya-Gebirge entdeckt. Der Mount Everest ist der höchste Berg der Welt. Zu Lebzeiten des Fischsauriers muss also dort, wo heute ein Gebirge ist, ein Meer gewesen sein.

Der Ichthyosaurier **Himalayasaurus** konnte bis zu 15 Meter lang werden, mehr als doppelt so lang wie der weiße Hai. Sein Name heißt übersetzt »Echse aus dem Himalaya«.

Der Plesiosaurier **Elasmosaurus** konnte seinen langen Hals wie ein Pfeil in alle Richtungen schnellen lassen. Seine Name bedeutet »Plattenechse«.

Liopleurodon wurde vermutlich bis zu 25 Meter lang, also etwas kürzer als ein Blauwal.

Meeressaurier wie dieser **Tylosaurus** (»geschwollene Echse«) bewegten sich ähnlich wie Aale durch schlängelnde Bewegungen mit ihrem langen Schwanz vorwärts. Sie wurden ungefähr 12 Meter lang und lebten in der Kreide.

Gab es fliegende Dinosaurier?

Nein, aber es gab ein paar Dinos, die Flügel hatten. Ihr wisst ja schon, dass einige kleinere Dinos Federn hatten, die sie gegen die Kälte schützten. Manche Dinos besaßen sogar bis zu vier Flügel. Richtig fliegen konnten sie damit aber nicht, genauso wenig wie heute der Vogel Strauß. Wahrscheinlich ermöglichten ihnen die Flügel aber das Gleiten. Sie konnten also weiter springen und sanfter landen als andere Dinos. Möglicherweise war ihnen das Gleiten auch bei der Jagd auf kleine Tiere von Nutzen. Sie konnten sich in Bäumen verstecken und dann von oben auf ihre Opfer springen. Ganz genau weiß man das aber nicht.

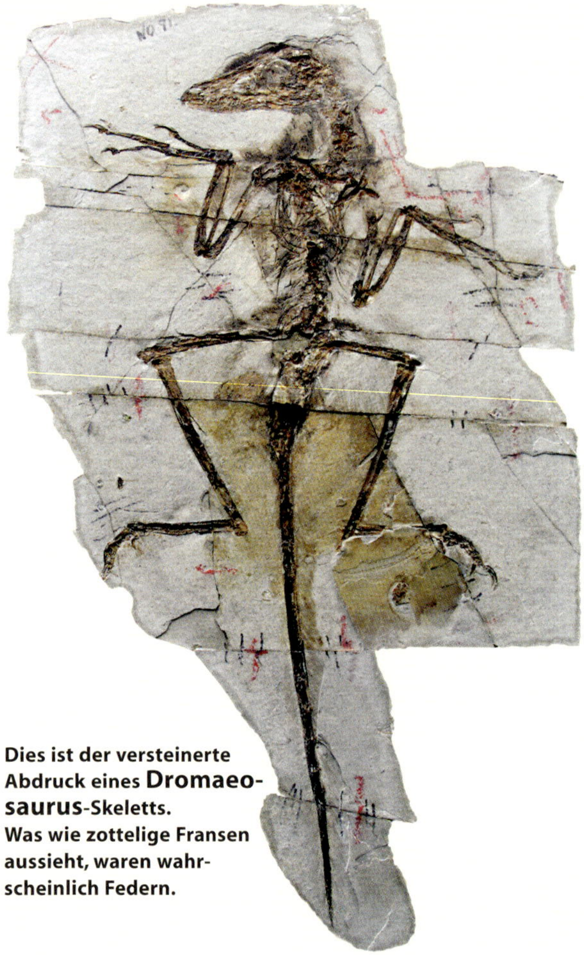

Dies ist der versteinerte Abdruck eines Dromaeosaurus-Skeletts. Was wie zottelige Fransen aussieht, waren wahrscheinlich Federn.

Dieser gefiederte Dinosaurier wurde erst im Jahr 2002 entdeckt. Seinen Namen verdankt er seinen auffälligen Nagezähnen: Incisivosaurus, die »Schneidezahnechse«.

Fliegende Dinosaurier gab es also nach bisherigem Wissen nicht. Dafür bevölkerte eine andere Sauriergruppe die Luft: Pterosaurier, die Flugsaurier. Sie hatten keine gefiederten Flügel wie die Vögel, sondern ledrige Hautflügel, wie Fledermäuse.

Ihre Flughaut spannte sich bis über den vierten Finger ihrer Hand. Schon durch die allerkleinste Bewegung mit diesem Finger konnten sie ihre Flugrichtung ändern.
Flugsaurier ernährten sich hauptsächlich von Fischen.

Sie flogen ganz dicht über der Wasseroberfläche, bis sie einen Fisch erspähten. Dann schnappten sie ihn sich blitzschnell aus dem Wasser. Wie alle anderen Saurier gab es auch unter den Flugsauriern wahre Riesen – Ornithocheirus zum Beispiel war so groß wie ein kleines Flugzeug.

Flugsaurier waren neben den Insekten die allerersten Lebewesen, die mit ihren Flügeln fliegen konnten. Die ersten Flugsaurier tauchten schon in der Trias auf. Aber auch Flugsaurier verschwanden wie Dinosaurier und Meeressaurier 200 Millionen Jahre später wieder von der Bildfläche.

Wie alt wurden Dinosaurier?

Größere Dinos wie Brachiosaurus konnten wahrscheinlich bis zu 150 Jahre alt werden.

Diese Frage können die Wissenschaftler bis jetzt nicht genau beantworten. Und wie immer, wenn sie ratlos sind, suchen sie bei den heutigen Verwandten der Dinosaurier nach möglichen Antworten: bei den Reptilien.

Viele der heutigen Reptilien können sehr alt werden, besonders die größeren Arten: Krokodile bis zu 100 Jahre und manche Riesenschildkröten sogar rund 200 Jahre. Daher vermuten die Wissenschaftler, dass auch die größeren Dinos sehr alt werden konnten.

Kleine Dinos wurden wahrscheinlich nur zwischen 5 und 20 Jahre alt. Einen gewissen Anhaltspunkt zum Alter der Dinos gibt es aber inzwischen. Man hat nämlich vor ein paar Jahren herausgefunden, dass Dinosaurierknochen ähnlich wie Bäume Wachstumsringe haben.
An denen müsste man eigentlich ihr Alter ablesen können. Das Problem ist nur: Man weiß noch nicht genau, ob tatsächlich ein Ring für ein Lebensjahr steht. Wenn das so ist, könnte zum Beispiel ein Tyrannosaurus rex 30 bis 40 Jahre alt geworden sein.

Diese Riesenschildkröte lebte im Zoo und wurde angeblich sogar 250 Jahre alt.

Doch kaum ein Riesendino wird genauso alt wie die heutigen Riesenschildkröten geworden sein. In ihrer natürlichen Umgebung sterben Tiere selten an Altersschwäche. Die meisten Dinosaurier wurden wahrscheinlich gefressen, bevor sie alt werden konnten, oder kamen durch einen Unfall oder eine Naturkatastrophe um.

Sie konnten natürlich auch krank werden. Was für Krankheiten Dinos hatten, weiß man nicht genau. An den Knochen lassen sich nur Knochenkrankheiten feststellen, die aber häufig vorkamen.
Viele Dinos litten an Knochen- und Gelenkentzündungen wie Arthritis, Rheuma oder Gicht. Das sind Krankheiten, die auch bei Menschen vorkommen. Sie sind nicht lebensbedrohlich, doch konnte ein erkrankter Dino vermutlich nicht mehr so schnell laufen und wurde deshalb eine leichte Beute.
Manchmal kann man an den Knochen auch Brüche und Bissabdrücke von anderen Tieren erkennen. Woran ein Dino gestorben ist, bekommt man nur anhand seines Skeletts selten heraus.

Auf diesem Beckenknochen eines Triceratops seht ihr den Zahnabdruck eines Tyrannosaurus rex. Allerdings weiß man nicht, ob der Triceratops durch diesen Biss starb. Vielleicht wurde er auch erst vom Tyrannosaurus angeknabbert, als er schon tot war.

Waren Dinosaurier dumm?

Mit Sicherheit gab es niemals Dinosaurier, die ein so kompliziertes und ausgefeiltes Gehirn besaßen wie der Mensch. Dabei hatten manche Dinos wirklich riesige Köpfe, in denen viel Platz für Gehirnmasse gewesen wäre. Tyrannosaurus rex zum Beispiel: Sein Kopf war über einen Meter lang. Und Triceratops, eine seiner Leibspeisen, hatte sogar einen Schädel von zwei Meter Länge. Durch Untersuchungen der Hohlräume in den Schädeln hat man aber festgestellt, dass die Gehirnmasse im Verhältnis zum Schädel winzig war. Außerdem war sie nicht besonders entwickelt.

Wer hatte das kleinste Gehirn?

Wahrscheinlich Stegosaurus. Zwar konnte er bis zu neun Meter lang werden, aber sein Gehirn war nur so groß wie eine Walnuss.

Trotzdem schafften es beide Arten, etliche Millionen Jahre zu überleben. Weder Tyrannosaurier noch Triceratopsier sind verhungert oder haben sich von anderen verdrängen lassen. Das hatte Tyrannosaurus rex natürlich seiner Kraft und Größe zu verdanken und Triceratops seinen spitzen Hörnern.

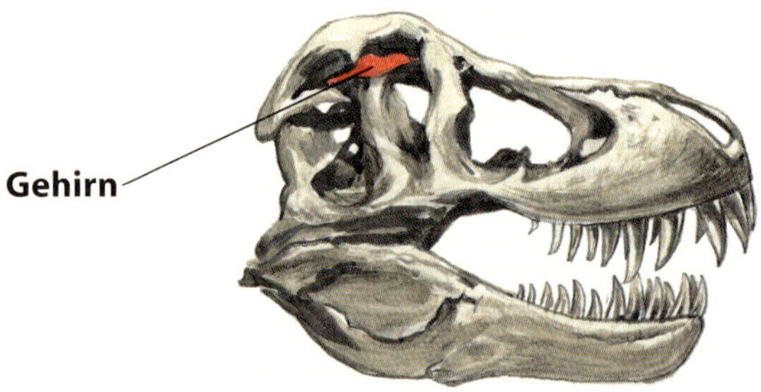

Schädelknochen eines
Tyrannosaurus rex

Immerhin gab es ein paar Dinos, die waren doch schlauer als andere: die kleinen, schnellen Jäger. Einer der intelligentesten von ihnen war Troodon. Sein Gehirn war im Verhältnis zu seinem Körper eines der schwersten und größten. Besonders gut entwickelt war das Sehzentrum, also der Bereich, der für das Sehen zuständig ist. Seine Augen saßen auch nicht wie bei den meisten Dinos seitlich am Kopf, sondern etwas weiter vorne, ähnlich wie beim Menschen. Durch die Lage seiner Augen konnte er viel genauer erkennen, was vor ihm lag. Aber auch wenn er viel besser sehen konnte als andere Dinos: Viel intelligenter als ein heutiger Vogel war er bestimmt nicht.

Troodon

Die Pachycephalosaurier hatten zwar keine besonders schlauen, dafür aber sehr dicke Köpfe. Ihre Schädeldecke war bis zu 25 Zentimeter dick! Sie brauchten auch stabile Schädel, denn sie benutzten sie als Rammbock.

Gab es Ärger mit einem anderen Pachycephalosaurier, rasten sie mit einer Geschwindigkeit von bis zu 35 km/h aufeinander zu und ließen die Köpfe so lange gegeneinanderkrachen, bis einer aufgab und sich davonschlich.

Kampf zwischen zwei Pachycephalosauriern

Warum sind die Dinosaurier ausgestorben?

Das weiß bis heute niemand genau. Fest steht, dass die Dinosaurier am Ende der Kreidezeit vor 65 Millionen Jahren von der Bildfläche verschwunden sind. Und nicht nur die Dinos verschwanden, sondern mit ihnen fast die Hälfte aller damaligen Tiere und Pflanzen. Was war da bloß geschehen?

Über diese Frage grübeln Forscher schon lange nach. Am wahrscheinlichsten ist, dass die Dinosaurier einfach nicht mehr genug zu fressen fanden und deswegen ausstarben.

Das passierte vermutlich nicht plötzlich, sondern über mehrere Millionen Jahre hinweg. Viele Wissenschaftler glauben heute, dass die Hauptursache für das massenhafte Aussterben ein schneller Klimawechsel gewesen ist. Es wurde kälter und wechselhafter.

Viele Pflanzen vertrugen das neue Klima nicht und gingen ein, andere entwickelten sich neu. Möglicherweise kam der Temperaturwechsel so plötzlich, dass sich die Pflanzenfresser unter den Dinos nicht mehr auf die neue Nahrung umstellen konnten. Also verhungerten sie. Da sich die Fleischfresser wiederum von ihnen ernährten, verhungerten diese schließlich auch.

Auch lang anhaltende Vulkanausbrüche könnten mit zum Aussterben der Dinosaurier beigetragen haben. Viele giftige Gase gerieten in die Luft, was die Lebensbedingungen für die Dinosaurier auf Dauer verschlechtert haben könnte.

Womöglich vertrugen auch die Dinosauriereier die Kälte nicht so gut. Die Jungen wuchsen schlechter oder entwickelten sich vielleicht sogar gar nicht mehr.

Eine weitere Ursache für das Aussterben vieler Dinos könnte der Einschlag eines oder mehrerer riesiger Meteoriten gewesen sein. Meteoriten sind große Gesteinsbrocken aus dem Weltall, die plötzlich auf die Erde krachen.

Dieser Krater in Mexiko hat einen Durchmesser von 180 Kilometern. Er ist durch einen Meteorit entstanden, der hier vor ungefähr 65 Millionen Jahren einschlug. Vielleicht hat er das Aussterben der Dinos mitverursacht.

Und so könnte es passiert sein: Durch den Aufschlag des Meteoriten wurden Unmengen an Staub in die Luft geschleudert, die sich überall auf dem Planeten verteilten und den Himmel monatelang verdunkelten. Es wurde kälter, weil das wärmende Sonnenlicht die staubige Luft nicht durchdrang. Viele Pflanzen gingen ein und deshalb verhungerten auch viele Dinosaurier.

Edmontosaurier

Gibt es heute noch Tiere, die von den Dinos abstammen?

Was auch immer der Grund für das Aussterben der Saurier gewesen ist, eins weiß man heute genau: Es hat sie alle erwischt. Auch von den Flug- und Meeressauriern überlebte keine einzige Art. Aber es gab auch Tiere, die damals überlebt haben. Unter ihnen waren vor allem kleinere Tiere wie Eidechsen, Vögel, Insekten und kleine Säugetiere.

Vielleicht haben sie überlebt, weil sie einfach klein genug waren, um in Höhlen und Erdlöchern Schutz zu suchen. Nur wenige größere Tiere haben das Ende der Kreidezeit überlebt, zum Beispiel Meeresschildkröten und Krokodile. Krokodile sehen zwar Dinos ähnlich, doch sie stammen nicht von ihnen ab, sondern haben nur gemeinsame Vorfahren.

Das größte heute lebende Krokodil ist das Nilkrokodil. Es kann bis zu 6 Meter lang werden.

Deinosuchus, das »schreckliche Krokodil«, lebte in der Kreide. Es wurde bis zu 15 Meter lang. Zu seinen Beutetieren gehörten auch kleine Dinosaurier.

Und doch leben heute Tiere, die von den Dinos abstammen, jedenfalls glauben das inzwischen die meisten Forscher. Und zwar: die Vögel! Manche Forscher behaupten sogar, Vögel wären genau genommen nur Mini-Dinos. Auf den ersten Blick hat ein Vogel zwar kaum Ähnlichkeit mit einem Dino, aber wenn ihr mal genauer hinschaut, könnt ihr Erstaunliches entdecken.

Als ein früher Vorfahre der heutigen Vögel gilt der Urvogel Archaeopteryx, übersetzt »altertümliche Feder«. Er hatte Federn wie ein Vogel, aber genau wie ein Dino Krallen, Zähne und einen Schwanz aus Knochen. Deswegen betrachten Wissenschaftler ihn als eine Art Zwischenwesen auf dem Weg vom Dino zum Vogel. Der Archaeopteryx tauchte gegen Ende des Jura auf, vor ungefähr 150 Millionen Jahren. Man vermutet, dass er sich aus kleinen Sauriern wie Compsognathus entwickelt hat.

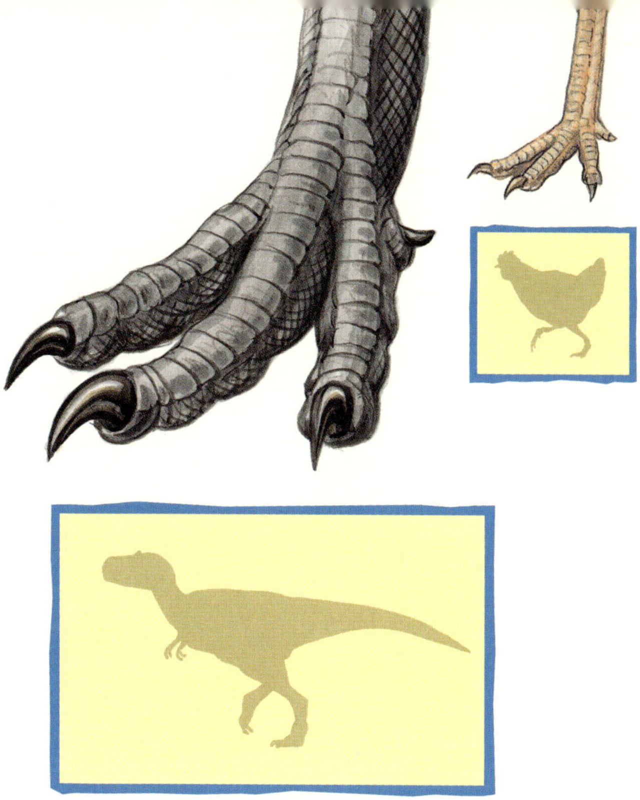

Der Fuß eines Huhns hat genau wie der Fuß eines Tyrannosaurus rex drei nach vorne weisende Zehen und einen Zeh, der nach hinten weist. Nun stellt euch beim Huhn statt der Federn Schuppen vor, statt der Flügel Arme und Krallen, außerdem einen Reptilschwanz – fertig ist der Mini-Dino, oder?

Spatz

Compsognathus

Archaeopteryx

Gibt es irgendwann vielleicht mal wieder Dinosaurier?

Die gleichen Dinos wie vor 65 Millionen Jahren wird es nie wieder geben, denn es werden nie wieder die gleichen Lebensbedingungen auf der Erde herrschen.

Ein paar Wissenschaftler glauben aber tatsächlich, dass es irgendwann möglich sein könnte, Dinosaurier zu züchten. Dazu bräuchte man allerdings echtes Dinosaurierblut. Blutreste könnte man möglicherweise in uralten Mücken finden, die kurz vor ihrem Tod einen Dino gestochen haben.

Sie hätten nach dem Stich allerdings direkt in einen Harzklumpen fliegen müssen, denn Harz kann mit der Zeit zu Bernstein versteinern und so eine Mücke für Millionen von Jahren haltbar machen.

Die meisten Wissenschaftler halten diese Möglichkeit allerdings für ausgeschlossen. Sie meinen, dass Blut unmöglich so lange überstehen kann. Außerdem: Wozu eigentlich Dinos erschaffen? Wer will schon einem lebendigen Tyrannosaurus rex auf der Straße begegnen?

Mücke, in Bernstein eingeschlossen

Eine Gruppe von Forschern hat am Computer ein paar mögliche Zukunftsgeschöpfe entwickelt. In 100 Millionen Jahren könnten zum Beispiel krakenähnliche Kolosse oder Riesenschildkröten die Erde bevölkern. Solche Schildkröten könnten noch größer sein als Riesendinos.

Sind Drachen in Wirklichkeit Dinos?

Wahrscheinlich sind Drachen in Wirklichkeit Fantasiekrokodile. Die ältesten Drachenbilder stammen nämlich aus China und dort leben sehr große Krokodile. Dinos kannte man damals noch nicht. Die Ähnlichkeit zwischen Dinos und Drachen ist daher wohl eher zufällig.

Eine Züchtung von Dinosauriern mithilfe von altem Dinoblut wird also kaum funktionieren. Aber wahrscheinlich wird man irgendwann das Erbgut heute lebender Tiere so verändern können, dass sie wie Dinos aussehen. Einige Forscher glauben, dass es in spätestens 100 Jahren möglich sein wird, ein Huhn zu züchten, das denselben Skelettaufbau wie ein kleiner Dinosaurier hat. Ein echter Dino entsteht dabei allerdings nicht, sondern nur ein Huhn, das so ähnlich aussieht wie ein Dino. Fragt sich nur, wozu man eigentlich so ein Dinohuhn braucht ...

Zahlen und Fakten

Wer war der Längste?

Der längste bekannte Dinosaurier ist **Argentinosaurus.** Dieser Pflanzenfresser wurde bis zu 40 Meter lang, 8 Meter hoch und wog möglicherweise über 70 Tonnen, mehr als 10 große Elefanten. Damit war er gleichzeitig auch einer der schwersten Dinos. Der höchste Dinosaurier war Argentinosaurus allerdings nicht. Mit einer Höhe von über 15 Metern war Ultrasauros fast doppelt so hoch.

Wer hatte das größte Maul?

Das größte Maul von allen hatte wohl **Allosaurus.** Er konnte es nämlich nicht nur weit aufsperren, sondern auch noch zu den Seiten hin ausdehnen. So war er in der Lage, Fleischbrocken herunterzuschlucken, die fast so groß wie sein eigener Kopf waren.

Wer hatte die längsten Krallen?

Die allerlängsten Dinokrallen, die man bisher gefunden hat, stammen von **Deinocheirus,** übersetzt die »schreckliche Hand«.
Seine Arme waren über zwei Meter lang und endeten in fast 30 Zentimeter langen Monsterkrallen. Solche Arme waren nicht nur praktisch, um sich zu verteidigen, sondern auch perfekt zum Greifen der Beute. Möglicherweise konnte Deinocheirus mit ihnen sogar ziemlich gut klettern.

Wer legte das größte Ei?

Das größte Dinosaurier-Ei, das man je gefunden hat, stammt von **Hypselosaurus.** Trotz seines Rieseneis gehörte Hypselosaurus nicht zu den größten Dinosauriern. Er wurde nur 12 Meter lang.

Hypselosaurus-Ei: 30 cm hoch, 25 cm breit

Heute legt das größte Ei der Vogel Strauß: 17 cm hoch, 13 cm breit.

Hühner-ei

Wer hatte die längsten Stacheln?

Die längsten Stacheln fand man bei dem Pflanzenfresser **Lexovisaurus.** Seine beiden Schulterstacheln waren über einen Meter lang – länger als ein Schwert.

Mauslexikon

Amphibien: »Amphibie« stammt aus dem Griechischen und bedeutet »doppellebig«. Amphibien können nämlich sowohl an Land als auch im Wasser leben. Zu den Amphibien gehören unter anderem Frösche, Kröten und Molche. Ihre Eier oder Larven legen sie meist im Wasser ab. Die fertigen Tiere verlassen das Wasser, um ganz oder teilweise an Land zu leben.

Echsen: Echsen gehören zur Gruppe der Reptilien. Zu ihnen zählen unter anderem Eidechsen, Leguane, Warane, Geckos und Chamäleons. Echsen haben fast alle vier Beine, eine trockene, schuppige Haut und lange Schwänze. Saurier heißt zwar übersetzt »Echse«, aber tatsächlich waren die Saurier nur entfernt mit den viel kleineren Echsen verwandt.

Fossilien: Fossilien sind Überreste oder Spuren von Pflanzen und Tieren der Urzeit. Das Wort »Fossilie« leitet sich vom lateinischen »fossilis« ab, das »ausgegraben« bedeutet. Fossilien befinden sich nämlich meist unter der Erdoberfläche und werden von Paläontologen vorsichtig ausgegraben. Fossilien können versteinerte Knochen oder Abdrücke von Tieren oder Pflanzen sein. Sie können aber auch entstehen, wenn Körper austrocknen oder von Harz oder Eis eingeschlossen werden.

Meteoriten: Meteoriten sind Brocken aus Gestein oder Metall, die aus dem Weltall in die Erdatmosphäre eindringen und auf die Erde fallen. Die meisten Meteoriten sind nicht schwerer als 1 Kilogramm.

Mineralien: Alle Gesteine, die es auf der Erde gibt, setzen sich aus Mineralien zusammen. Es gibt mehrere tausend verschiedene Arten von Mineralien. Dazu gehören Kalk, verschiedene Salze, aber auch Stoffe, die wir Menschen zum Leben brauchen, wie Calcium, Magnesium oder Eisen.

Paläontologen: Das Wort Paläontologie stammt aus dem Griechischen und heißt übersetzt die »Lehre vom alten Leben«. Paläontologen erforschen die Entwicklung des Lebens auf der Erde vor Millionen und Milliarden von Jahren. Dabei beschäftigen sie sich mit allen möglichen Lebensformen, die sie anhand von Fossilien untersuchen: Tiere, Pflanzen und auch Kleinstlebewesen wie Bakterien, Pilze oder Algen.

Reptilien: Das Wort »Reptil« kann man mit »Kriechtier« übersetzen. Viele Reptilien bewegen sich kriechend vorwärts. Zu den Reptilien gehören Schildkröten, Krokodile, Echsen und Schlangen. Auch Saurier werden zu den Reptilien gezählt. Reptilien haben meist eine schuppige oder gepanzerte Haut und atmen mit Lungen. Die meisten leben auf dem Land und legen dort auch ihre Eier ab.

Säugetiere: Säugetiere haben sich erst nach dem Aussterben der Dinosaurier richtig ausbreiten können. Zu ihnen gehören heute über 4500 verschiedene Arten – Pferd, Hund, Maus, Tiger, Känguru, Wal und viele andere, übrigens auch der Mensch. Sie legen bis auf wenige Ausnahmen keine Eier, sondern bringen ihre Jungen lebend zur Welt. Säugetiere heißen sie, weil sie ihre Jungen mit Milch säugen.

Das Dino-ABC

Hier könnt ihr nachlesen, was die merkwürdigen Namen der Dinosaurier bedeuten. Die meisten stammen aus dem Lateinischen und Griechischen.

Allosaurus 12/13, 20, 52
»andere Echse«

Ankylosaurus 21, 29
»versteifte Echse«

Antarctosaurus 8
»südliche Echse«

Apatosaurus 9, 37
»Trugechse«, hieß früher auch Brontosaurus (»Donnerechse«), bis man herausfand, dass es sich bei Brontosaurus und Apatosaurus um ein und denselben Dinosaurier handelt

Argentinosaurus 52
»Echse aus Argentinien«

Barosaurus 14/15
»schwere Echse«

Brachiosaurus 14/15, 25, 42
»Armechse«, wegen seiner ungewöhnlich langen Vorderbeine

Centrosaurus 29
»Stachelechse«

Coelophysis 19
»Hohlkörper«, weil er teilweise hohle Knochen hatte

Compsognathus 16/17, 49
»eleganter Kiefer«

Corythosaurus 13, 21
»Helmechse«

Deinocheirus 53
»schreckliche Hand«

Deinonychus 21, 26/27, 29, 30
»Schreckenskralle«

Diplodocus 14, 20
»doppelter Balken«, wegen der eigenartigen Form seiner Schwanzwirbel

Dromaeosaurus 40
»rennende Echse«

Edmontosaurus 35
»Echse aus Edmonton«, benannt nach dem Fundort in Kanada

Eoraptor 19
»Jäger der Morgendämmerung«

Gallimimus 5
»Hähnchennachahmer«

Gryposaurus 5
»Hakennasenechse«

Hypselosaurus 53
»Hochrückenechse«

Iguanodon 7
»Leguanzahn«

Incisivosaurus 40
»Schneidezahnechse«

Irritator 5
»der Ärgerliche«

Lambeosaurus 24/25
»Lambes Echse«, nach dem kanadischen Dinosaurierforscher Lawrence M. Lambe

Lexovisaurus 53
»Lexovix-Echse«, nach einer alten keltischen Volksgruppe in Lyon/Frankreich, wo der Dino gefunden wurde

Maiasaurus 32/33
»Gute-Mutter-Echse«, weil sich der Saurier ausgiebig um seine Jungen kümmerte

Megalosaurus 6/7
»große Echse«

Mei long 17
»fest schlafender Drache«

Melanorosaurus 19
»schwarze Berg-Echse«

Microraptor 16/17
»kleiner Räuber«

Pachycephalosaurus 45
»dickköpfige Echse«

Parasaurolophus 34/35
»neben der Kammechse«, weil er erst zehn Jahre nach Saurolophus, der »Kammechse«, entdeckt wurde

Plateosaurus 19
»platte Echse«

Saurolophus 26/27
»Kammechse«

Stegosaurus 11, 28/29, 44
»Dachechse«, wegen der Knochenplatten auf seinem Rücken, die Ähnlichkeit mit Dachziegeln haben

Struthiomimus 36/37
»Straußennachahmer«

Styracosaurus 13, 29
»stachelige Echse«

Triceratops 8/9, 11, 13, 21, 29, 43/44
»Gesicht mit drei Hörnern«

Troodon 45
»Wunden reißender Zahn«, weil ein kleiner spitzer Zahn lange Zeit das einzige Fossil war, das man von ihm kannte

Tsintaosaurus 13
»Echse aus Tsintao«

Tyrannosaurus rex 10, 21, 24, 26, 29, 30/31, 42–44, 49/50
»König der Tyrannenechsen«

Ultrasauros 52
»sehr hohe Echse«

Velociraptor 27, 30
»schneller Dieb«